FULL SCORE

WSD-19-004
<吹奏楽メドレー楽譜>

メモリーズ・フォーエバー
京都慕情～ウォーク・ドント・ラン～ブルドッグ～アパッチ～十番街の殺人

小長谷宗一　編曲

楽器編成表		
木管楽器	金管・弦楽器	打楽器・その他
Piccolo ×1	B♭ Trumpet 1 ×1	Harp ×1
Flutes 1 & 2 ×2	B♭ Trumpets 2 & 3 ×2	Piano ×1
Oboe ×1	F Horns 1 & 2 ×2	Synthesizer ×1
Bassoon ×2	F Horns 3 & 4 ×2	Drums ×1
E♭ Clarinet ×1	Trombones 1 & 2 ×2	Percussion 1 ×2
B♭ Clarinet 1 ×1	Bass Trombone ×1	...Triangle, Timpani, Sus.Cymbal,
B♭ Clarinets 2 & 3 ×2	Euphonium ×2	Sleigh Bell, Shaker
Bass Clarinet ×1	Tuba ×1	Percussion 2 ×2
Alto Saxophones 1 & 2 ×2	Electric Bass & String Bass ×2	...Glockenspiel, Tambourine,
Tenor Saxophone ×1		Conga (etc.), Triangle, Sus.Cymbal,
Baritone Saxophone ×1		Bass Tom, Bass Drum, Tam-tam
		Percussion 3 ×1
		...Vibraphone, Tenor Drum, Marimba
		Percussion 4 ×1
		...Marimba, Glockenspiel
		Full Score

＊イタリック表記の楽譜はオプション

メモリーズ・フォーエバー
京都慕情〜ウォーク・ドント・ラン〜ブルドッグ〜アパッチ〜十番街の殺人

◆ 演奏ポイント ◆

　遥か半世紀ほど昔にエレキ・ブームというものがありました。「エレキ」とはエレクトリック・ギターやベースにドラムスを加えたインストゥルメンタル・バンドのことを指しました。その先頭にいたのがベンチャーズです。1959年に結成して日本で人気が出るのは1965年の二回目の来日からです。モズライトのギターを真空管アンプで鳴らす強烈なサウンドが、若者の心を捉え大ブームとなります。特に「テケテケ」と呼ばれたトレモロ・グリスダウンは強いインパクトを与えました。その頃高校生だった私も仲間に誘われてドラムスを叩いたのは青春の良い思い出です。

　その後アメリカではベンチャーズのブームは去りますが、日本では欧陽菲菲の『雨の御堂筋』や渚ゆう子の『京都の恋』などのベンチャーズ歌謡がヒットします。ベンチャーズはメンバーの入れ替えを繰り返し結成60年を迎えた現在も活動を続けています。私の青春でもあるベンチャーズの魅力的な楽曲をメドレーにしてみました。

（小長谷宗一）

【使用曲】
京都慕情（Reflections in a Palace Lake）
ウォーク・ドント・ラン（Walk Don't Run）
ブルドッグ（Bulldog）
アパッチ（Apache）
十番街の殺人（Slaughter on 10th Avenue）

◆ 小長谷宗一　Soichi Konagaya ◆

　東京芸術大学器楽科打楽器専攻卒業。在学中より作曲を始める。管楽器、打楽器のためのソロ曲やアンサンブル曲を多数作曲しているほか、全日本吹奏楽コンクール課題曲など吹奏楽のための作編曲作品も数多く残している。また同時にバレエ音楽やイベントのための作品提供、CDのプロデュースなども手掛けている。

　主な作品としては、第15回ユニバーシアード冬季競技大会（1991年札幌大会）の大会賛歌、全日本吹奏楽コンクール課題曲『風と炎の踊り』、『スター・パズル・マーチ』や、『ウインドアンサンブルのための幻想曲「不思議な旅」』、『交響組曲「鶴の港」』（長崎原爆50周年祈念委嘱作品）、『交響詩「空の精霊たち」』（航空自衛隊中央音楽隊創隊40周年記念委嘱作品）、『"The Courage"—真の勇気とは—』（第21回国民文化祭・やまぐち2006委嘱作品）、『吹奏楽のための組曲"ヨコスカの海と風"』（海上自衛隊横須賀音楽隊委嘱作品）、その他『紫式部幻想』、『吹奏楽と和太鼓のための"凛"』や『鎌倉三景』などがある。1996年に第6回日本吹奏楽学会アカデミー賞（作・編曲部門）を、2009年には日本吹奏楽指導者協会より下谷奨励賞を受賞している。

　現在、大垣女子短期大学客員教授のほか、"21世紀の吹奏楽"実行委員なども務めている。

ご注文について

ウィンズスコアの商品は全国の楽器店、ならびに書店にてお求めになれますが、店頭でのご購入が困難な場合、当社PC&モバイルサイト・電話からのご注文で、直接ご購入が可能です。

◎当社PCサイトでのご注文方法

http://www.winds-score.com

上記のURLへアクセスし、WEBショップにてご注文ください。

◎お電話でのご注文方法

TEL.0120-713-771

営業時間内に電話いただければ、電話にてご注文を承ります。

◎モバイルサイトでのご注文方法

右のQRコードを読み取ってアクセスいただくか、URLを直接ご入力ください。

※この出版物の全部または一部を権利者に無断で複製(コピー)することは、著作権の侵害にあたり、著作権法により罰せられます。

※造本には十分注意しておりますが、万一、落丁・乱丁などの不良品がありましたらお取り替えいたします。また、ご意見・ご感想もホームページより受け付けておりますので、お気軽にお問い合わせください。

LOVE THE ORIGINAL
楽譜のコピーはやめましょう

Flutes 1&2

メモリーズ・フォーエバー
京都慕情〜ウォーク・ドント・ラン〜ブルドッグ〜アパッチ〜十番街の殺人

小長谷宗一 編曲

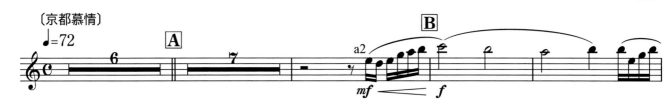

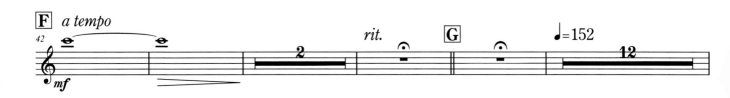
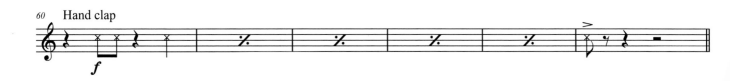

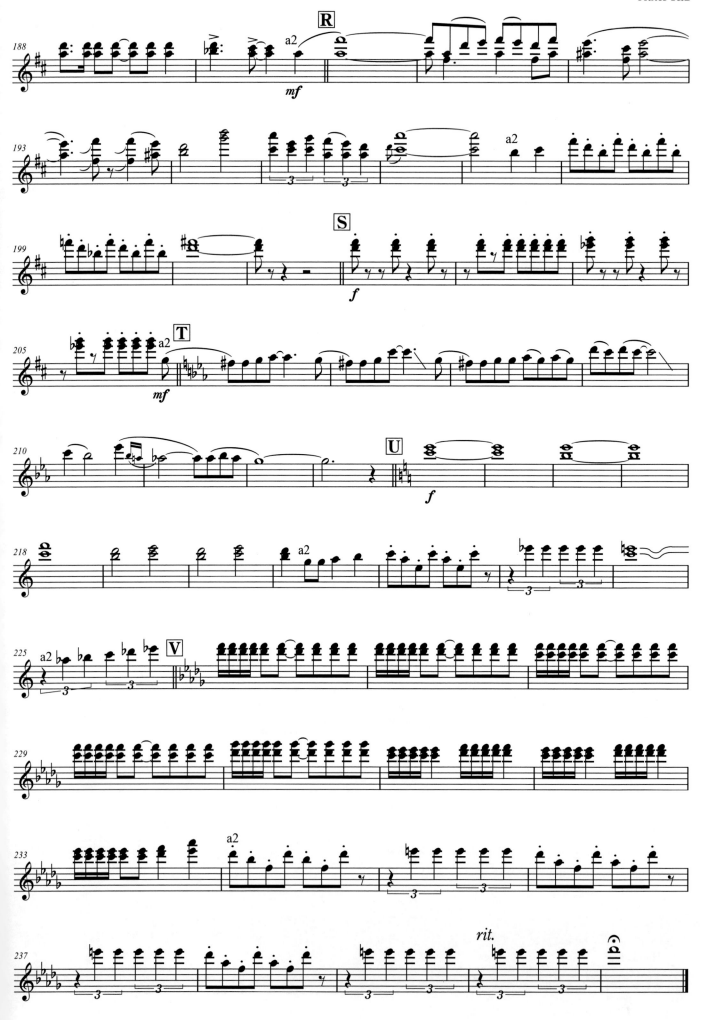

Flutes 1&2

メモリーズ・フォーエバー
京都慕情～ウォーク・ドント・ラン～ブルドッグ～アパッチ～十番街の殺人

小長谷宗一 編曲

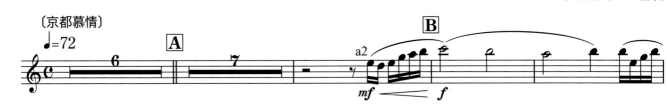

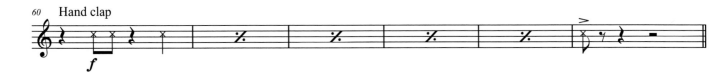

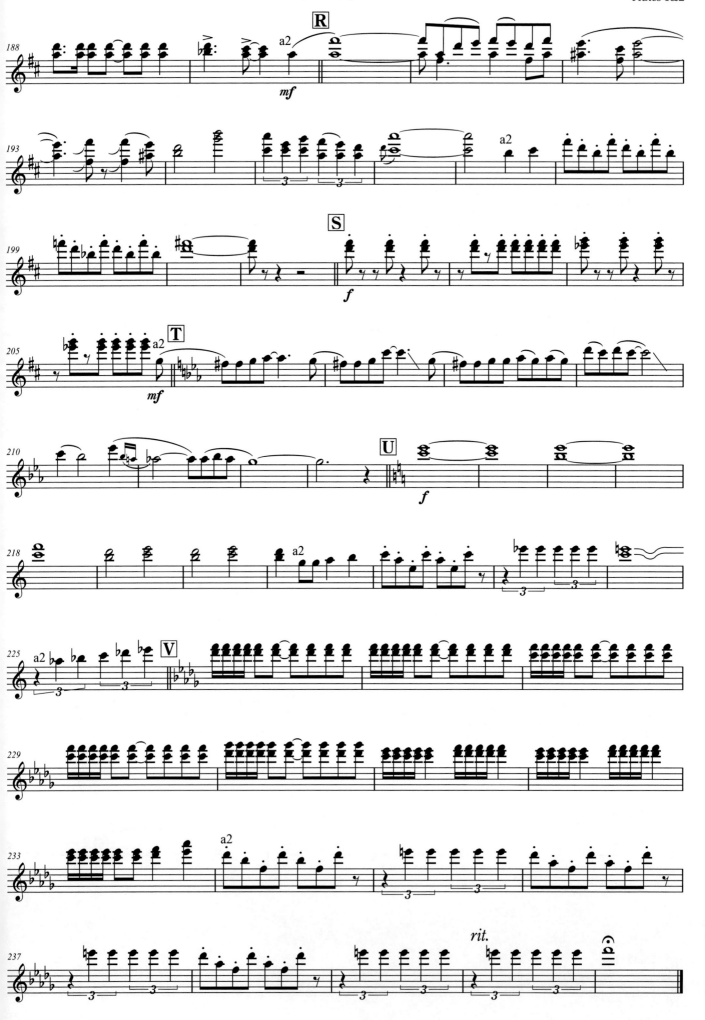

メモリーズ・フォーエバー

京都慕情〜ウォーク・ドント・ラン〜ブルドッグ〜アパッチ〜十番街の殺人

小長谷宗一 編曲

Oboe

Bassoon

メモリーズ・フォーエバー
京都慕情～ウォーク・ドント・ラン～ブルドッグ～アパッチ～十番街の殺人

小長谷宗一 編曲

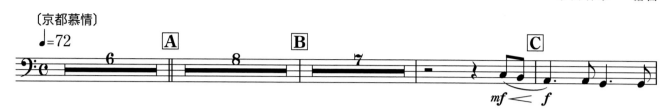

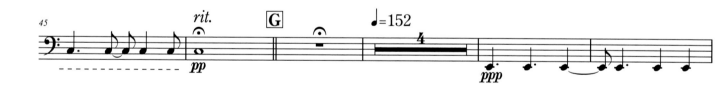

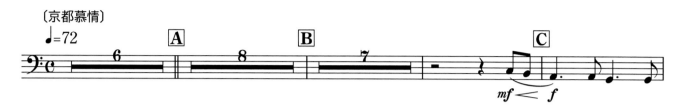

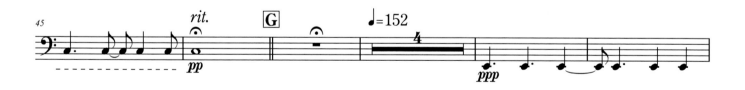

Alto Saxophones 1&2

Alto Saxophones 1&2

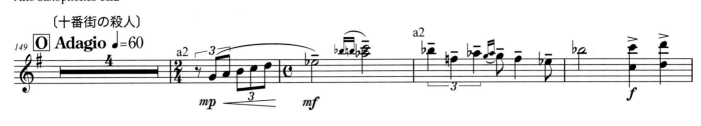

Tenor Saxophone

B♭ Trumpet 1

メモリーズ・フォーエバー
京都慕情〜ウォーク・ドント・ラン〜ブルドッグ〜アパッチ〜十番街の殺人

小長谷宗一 編曲

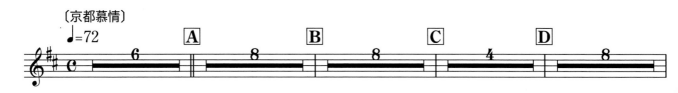

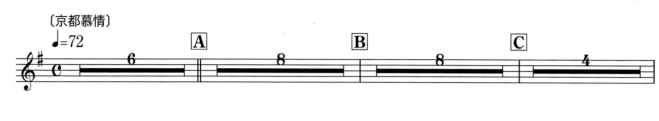

F Horns 1&2

メモリーズ・フォーエバー
京都慕情〜ウォーク・ドント・ラン〜ブルドッグ〜アパッチ〜十番街の殺人

小長谷宗一 編曲

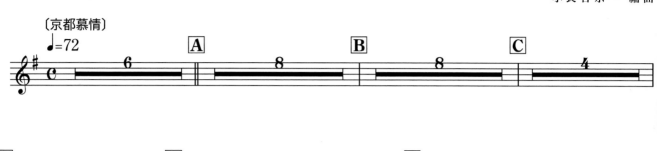

F Horns 3&4

メモリーズ・フォーエバー
京都慕情〜ウォーク・ドント・ラン〜ブルドッグ〜アパッチ〜十番街の殺人

小長谷宗一 編曲

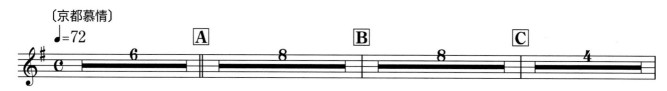

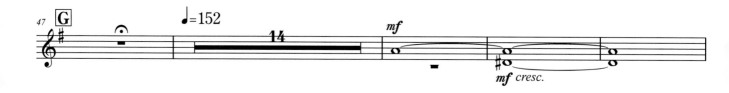

F Horns 3&4

メモリーズ・フォーエバー
京都慕情～ウォーク・ドント・ラン～ブルドッグ～アパッチ～十番街の殺人

小長谷宗一 編曲

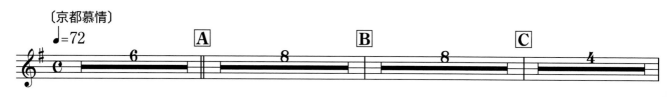

Trombones 1&2

メモリーズ・フォーエバー
京都慕情〜ウォーク・ドント・ラン〜ブルドッグ〜アパッチ〜十番街の殺人

小長谷宗一 編曲

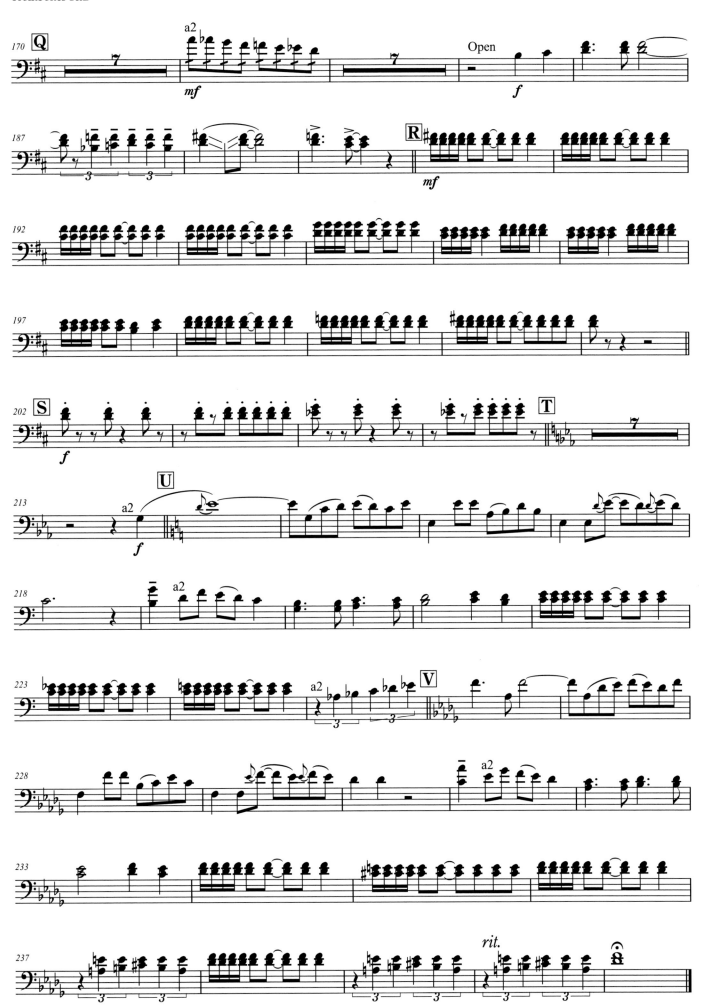

Trombones 1&2

メモリーズ・フォーエバー
京都慕情〜ウォーク・ドント・ラン〜ブルドッグ〜アパッチ〜十番街の殺人

小長谷宗一 編曲

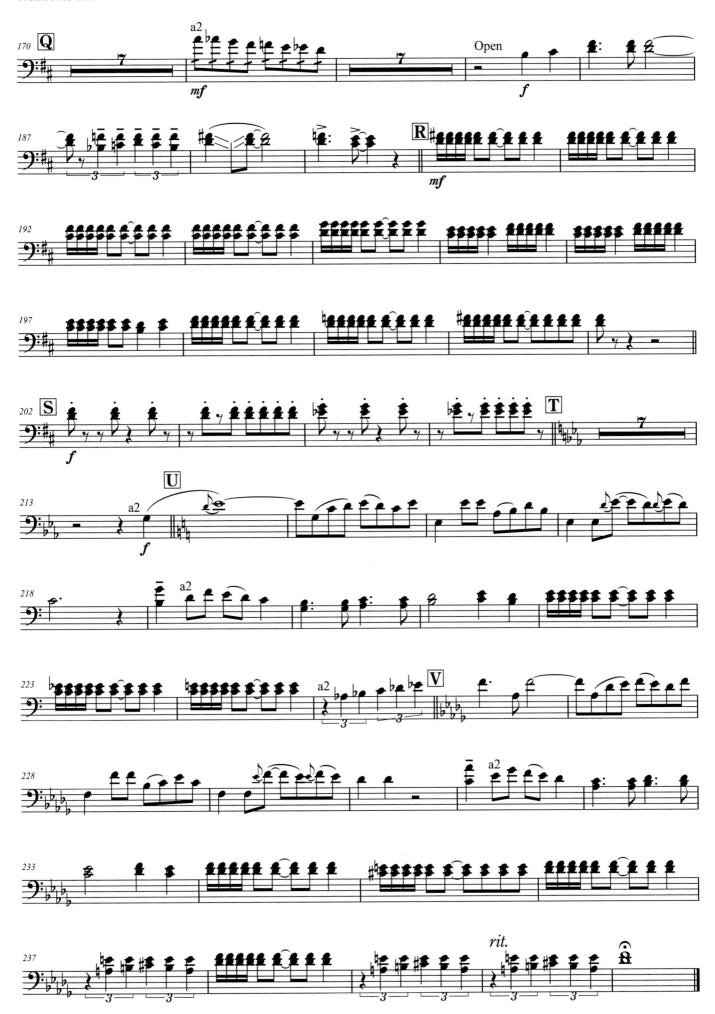

メモリーズ・フォーエバー
京都慕情〜ウォーク・ドント・ラン〜ブルドッグ〜アパッチ〜十番街の殺人

小長谷宗一 編曲

Bass Trombone

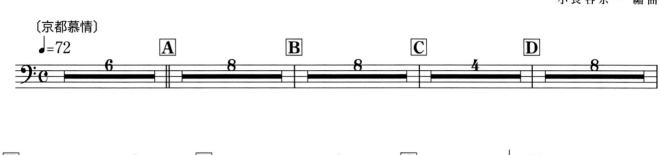

Bass Trombone

Euphonium

メモリーズ・フォーエバー
京都慕情～ウォーク・ドント・ラン～ブルドッグ～アパッチ～十番街の殺人

小長谷宗一 編曲

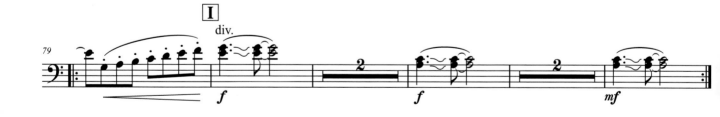

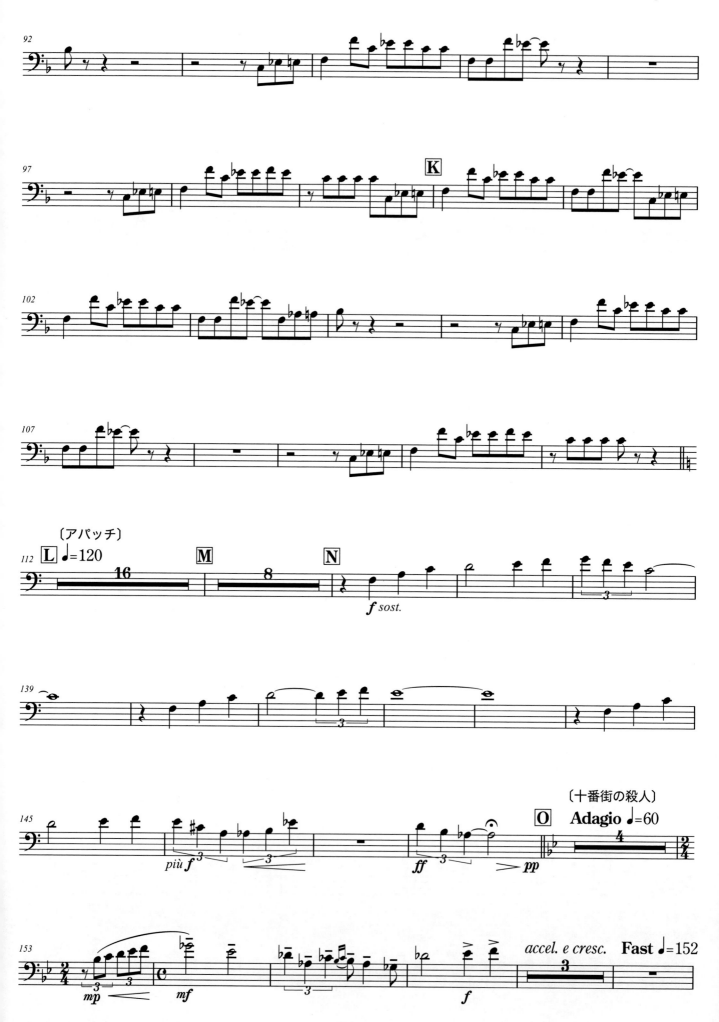

Euphonium

メモリーズ・フォーエバー
京都慕情～ウォーク・ドント・ラン～ブルドッグ～アパッチ～十番街の殺人

小長谷宗一 編曲

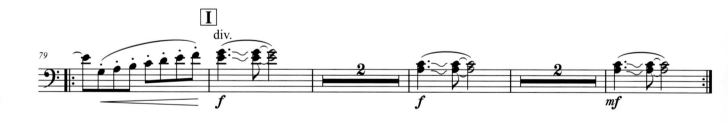

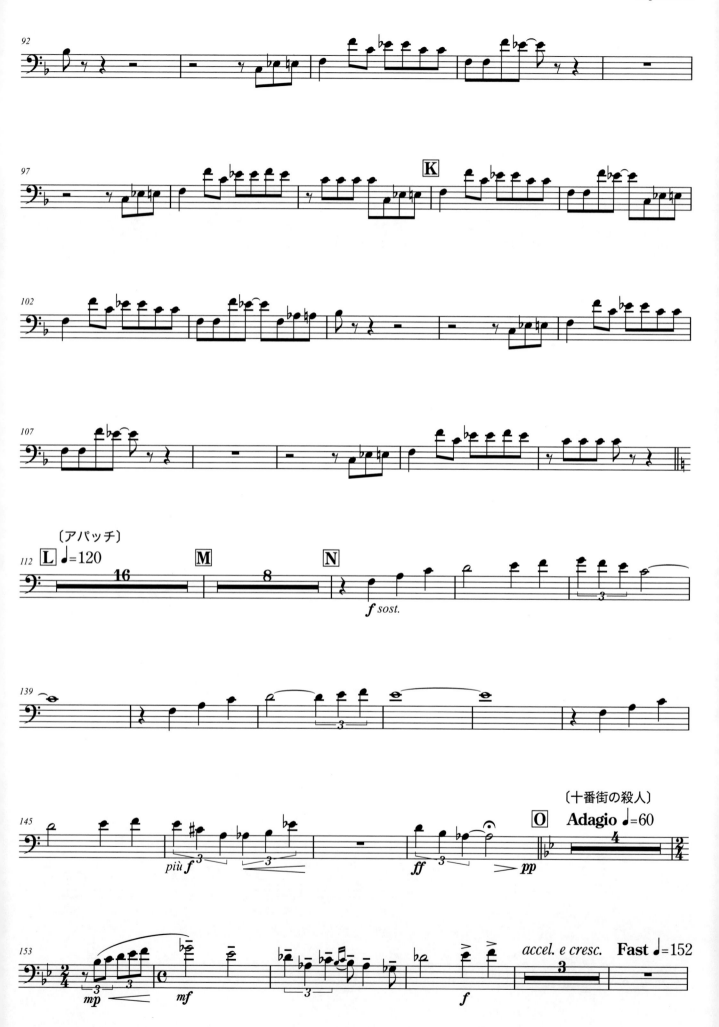

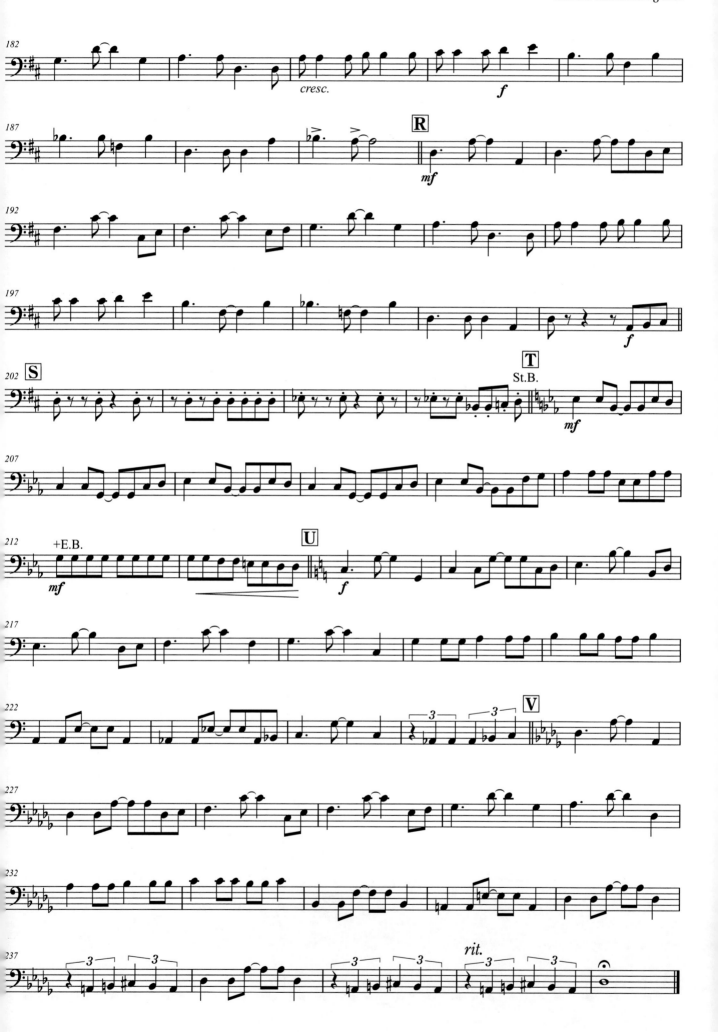

Harp

メモリーズ・フォーエバー
京都慕情～ウォーク・ドント・ラン～ブルドッグ～アパッチ～十番街の殺人

小長谷宗一 編曲

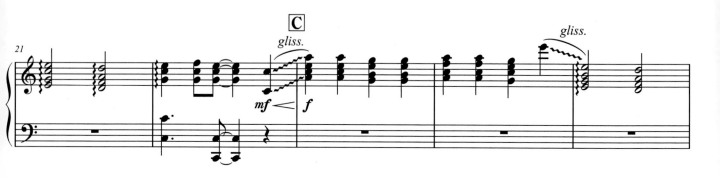
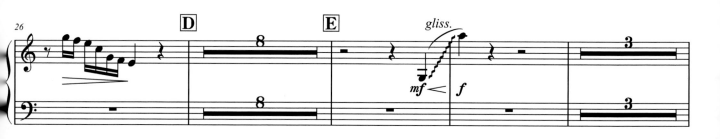

Harp

メモリーズ・フォーエバー - 3

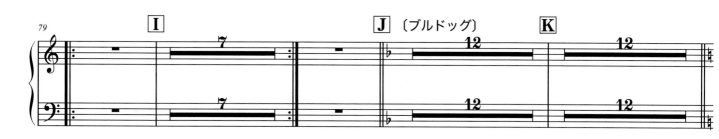
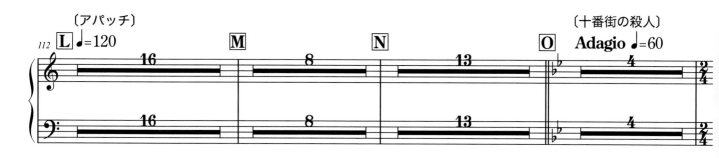

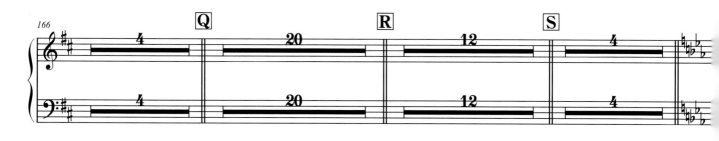
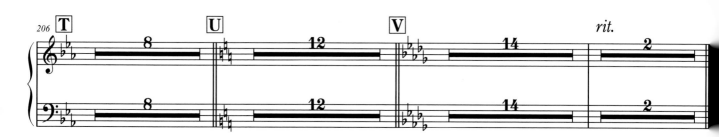

Piano

メモリーズ・フォーエバー
京都慕情～ウォーク・ドント・ラン～ブルドッグ～アパッチ～十番街の殺人

小長谷宗一 編曲

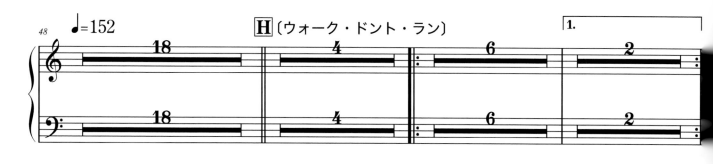
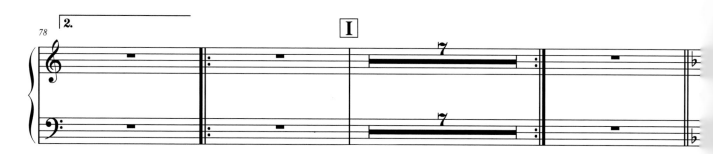

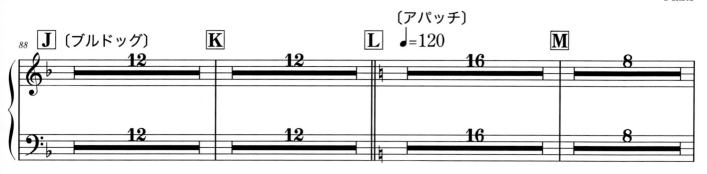

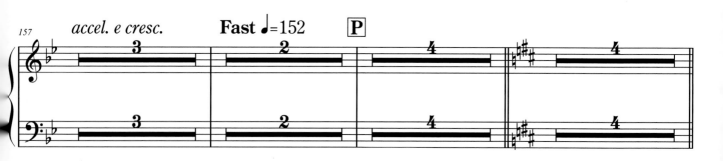
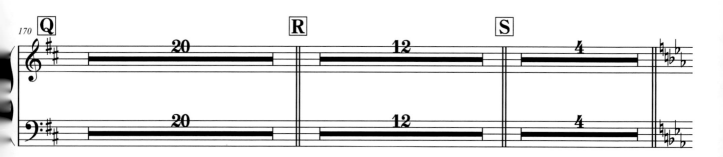
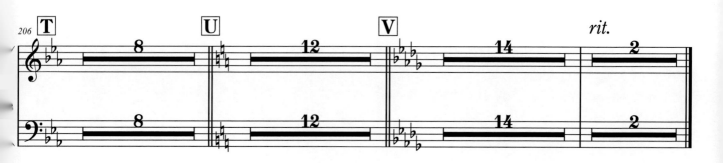

メモリーズ・フォーエバー

京都慕情〜ウォーク・ドント・ラン〜ブルドッグ〜アパッチ〜十番街の殺人

小長谷宗一 編曲

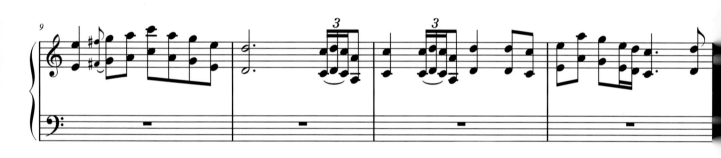

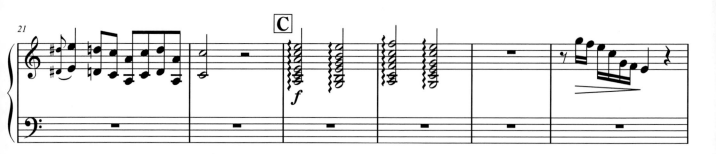
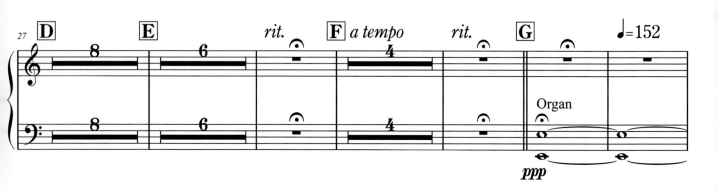
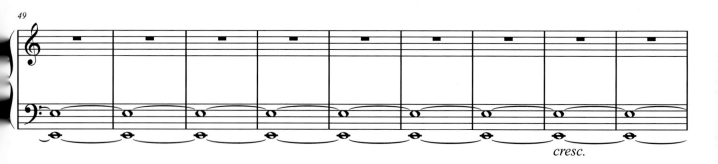

Synthesizer　　　　　　　　　　　メモリーズ・フォーエバー - 3

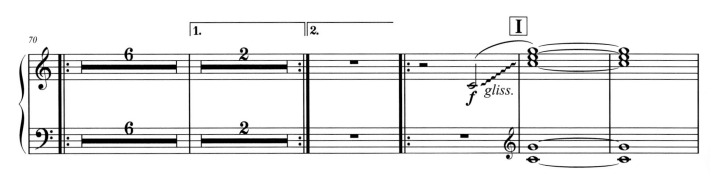

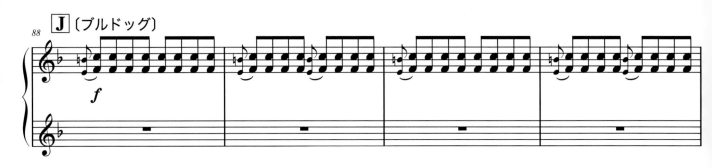

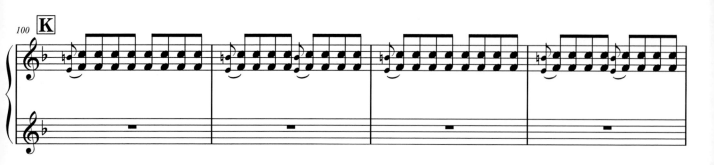

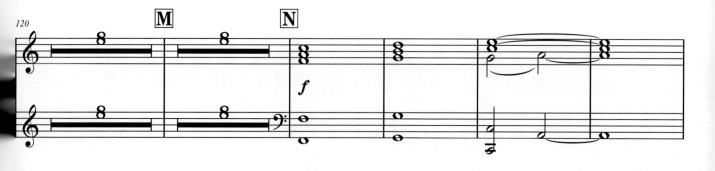

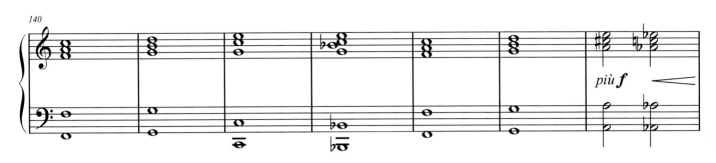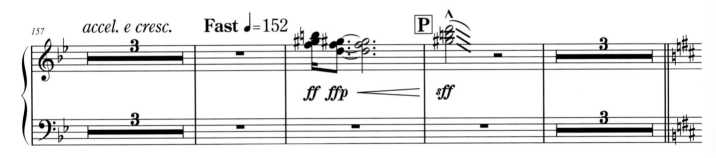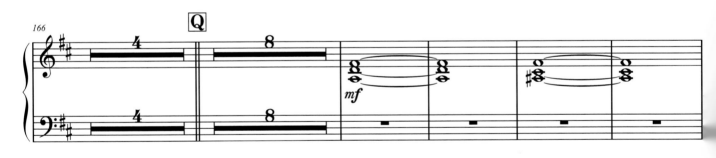

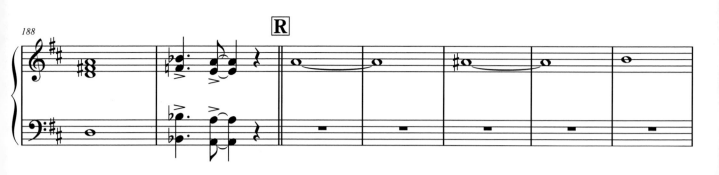

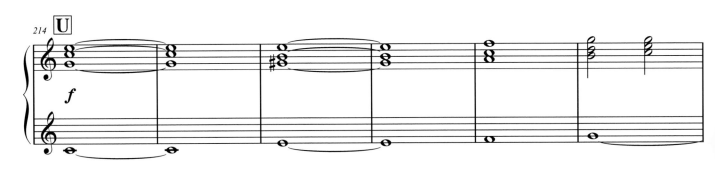
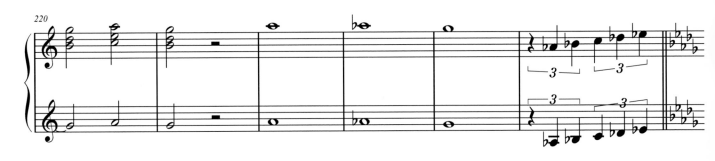
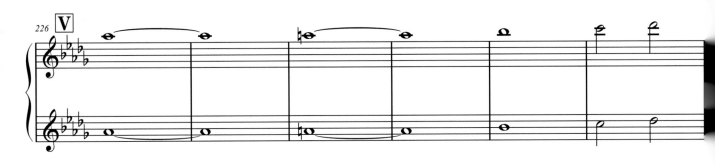
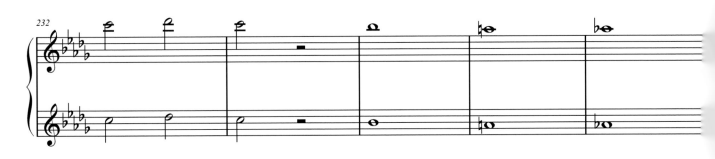

Percussion 1
Triangle, Timpani, Sus.Cymbal, Sleigh Bell, Shaker

メモリーズ・フォーエバー - 3

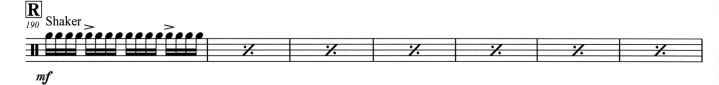

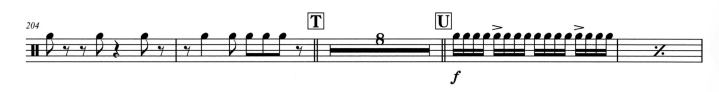

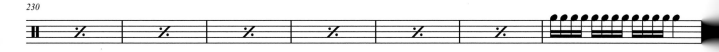

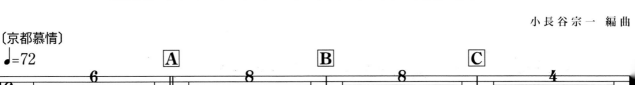

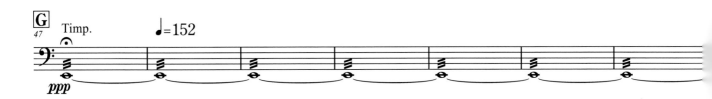

Percussion 1
Triangle, Timpani, Sus.Cymbal, Sleigh Bell, Shaker

メモリーズ・フォーエバー - 3

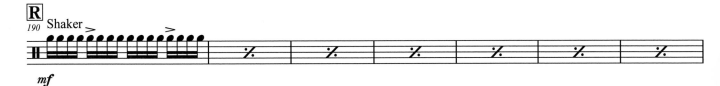

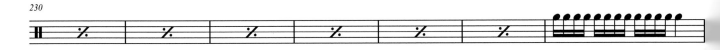

Percussion 2
Glockenspiel, Tambourine, Conga (etc.), Triangle, Sus.Cymbal, Bass Tom, Bass Drum, Tam-tam

Percussion 2
Glockenspiel, Tambourine, Conga (etc.), Triangle,
Sus.Cymbal, Bass Tom, Bass Drum, Tam-tam

Percussion 2

Glockenspiel, Tambourine, Conga (etc.), Triangle,
Sus.Cymbal, Bass Tom, Bass Drum, Tam-tam

メモリーズ・フォーエバー

京都慕情～ウォーク・ドント・ラン～ブルドッグ～アパッチ～十番街の殺人

小長谷宗一 編曲

Percussion 3
Vibraphone, Tenor Drum, Marimba

メモリーズ・フォーエバー - 4

Percussion 3
Vibraphone, Tenor Drum, Marimba

Percussion 4
Marimba, Glockenspiel

Percussion 4
Marimba, Glockenspiel